身軽にムリなく
健康で平穏が
いちばん幸せ

60代から
シンプルに
穏やかに
暮らす

smile editors 編

主婦と生活社

60代からは、気楽に、自由に、自分らしい暮らしを楽しめばいい。

長寿社会になって、年金支給も65歳からが標準とはいえ、60歳といえば還暦。人生の節目です。

子育てもひと段落したり、定年を迎えて退職金をもらったり……。

人生の重荷から解かれて、少し気楽になっていい年代です。

働きたい人は働いていいし、好きなことはもっと打ち込んでもいい。

新しい何かを見つけてチャレンジするのもいい。

必要以上に周りに気を使う必要もないし、ムリをする必要もない。

心にも時間にもゆとりができて、ある程度、健康であれば、
より自由に人生を楽しめるはずです。

本書では、自分らしく人生を謳歌《おうか》している
7人のライフスタイルをご紹介します。
自分の〝好き〟に正直に、やりたいことに邁進《まいしん》する人。
暮らしを小さく整えて、好きなものに囲まれて暮らす人。
老後の安心のための節約を楽しむ人や、後続の育成に力を注ぐ人。
また、2拠点暮らしを極める人や、田舎暮らしで自分の世界を築く人。
価値観は人それぞれ、人生もいろいろです。

これからの主役は自分自身。
自分の心に素直に、シンプルに、穏やかに、
自分らしい暮らしを楽しみましょう。

60代からシンプルに
穏やかに暮らす

contents

デザイン
近藤みどり

撮影
新村真理（p025-040）
鈴木真貴（カバー、p002-024、p041-119）

イラスト　森屋真偉子

DTP
茂呂田 剛、畑山栄美子
（エムアンドケイ）

校正
東京出版サービスセンター

パリ取材
高中まさえ（p025-040）

special thanks
篠あゆみ

編集・ライティング
smile editors
岩越千帆（p009-024、p041-088）
印田友紀（p025-040、p089-127）

編集部担当
小田切英史（主婦と生活社）

No 1

音楽も、食も、子どもたちとの
ふれあいも、年齢は気にせず
自分の気持ちに正直に。
やりたいことはつかみ取る。

寺本りえ子さん

age | 60歳

フードディレクター、料理研究家。音楽活動を経て食の道へ。現在はワークショップ、発酵食の普及や飲食店のアドバイザー、商品開発や食育にも精力的に取り組む。著書に『JOY of AGING』（宝島社）。

Rieko Teramoto

食とセルフケアで自分をいたわるおうち時間を大切にしています。

仕事で料理を作る毎日だからこそ、自宅での食事はシンプルに。さっと
作れる発酵食で体を整えるのが、寺本さんの美と健康の秘訣。

「実は食だけでなく、すべてを表現したい人なんです」
音楽から食の世界へ。活躍の場を広げている寺本さんが60歳の今、新たなステージへと向かっています。

ピチカート・ファイヴやスピッツのコーラス、野宮真貴さんとのユニット「Ｏｕｉ Ｏｕｉ」、ソロ活動など、長年ミュージシャン、ＤＪとして華やかな音楽業界で活躍していた寺本りえ子さんが、食の世界を中心に身を置くようになったのは50歳になった頃。大きなきっかけは、２０１１年の東日本大震災。仲間たちと被災地に炊き出しに通ったことで、「食の大切さ」を改めて実感し、今自分のやるべきことがクリアになったと言います。

「音楽はどちらかというと自分が楽しむもの。20代で音楽の世界に飛び込んでから、自己中心的だった気がします。でも食と出会い、食をとおして笑顔や幸せを届けたい、共有したいと思いました」

宮崎県五ヶ瀬町のお寺に生まれ、子どもの頃から法事・法要などの食事作りを手伝っていたこともあり、寺本さんにとって料理はとても身近なもので

№1 寺本りえ子さん

した。音楽専門学校時代は東京で過ごし、一度帰郷したときに料理にも興味を持ち、料理教室にも通いました。子どもの頃から虚弱体質で、若い頃は貧血に悩まされたり、体調を崩したりすることも多く、歳を重ねてそれを克服しようと、食に行き着いたのは自然の流れでした。

「38歳で結婚をして、当時のパートナーがアレルギー体質だったのと、子どもが欲しかったこともあり、改めて食を見直しました。添加物や農薬を気にするようになったのは、その頃ですね。そして、料理教室に通いつめた2年間が、食の扉を開けてくれました」

友人のアトリエの引っ越し祝いの席で料理を振る舞ったのをきっかけに、40歳を過ぎた頃から音楽活動と並行してケータリングを始め、食の仕事の楽しさに目覚めていきます。50歳で食にシフトしてからは、発酵食品のワークショップや酵素玄米炊飯器の代理店、食関連のプロデュースをするなど、さまざまなメディアで活躍。なかでも60歳で出会ったプロジェクトは、寺本さん自らが手をあげてつかみ取った〝いちばんやりたいこと〟でした。

「2021年4月にスタートしたフリースクール『GIFT School』で、現在、月〜金曜日の週5日、先生と生徒のランチを作っています。単純に私が作っ

ぬか漬けや味噌、
酵素玄米、
旬の食材を使った保存食。
おいしいもののことを考えて
手を動かすのが日課に。

右ページ上：寺本さんの基本の食事例。右上の麹納豆は、納豆、にんじん、切り昆布、生の米麹に、みりんと醤油、酒を入れて混ぜ、冷蔵庫でひと晩寝かすだけ。右ページ下：レモンシロップや豆腐よう、発酵トマトやピクルスなど、季節の瓶詰めが並ぶ。上２点：オリジナルのぬか漬け壺に12時間漬けのぬか漬けと味噌を保存。下２点：全国の農家から取り寄せる無農薬野菜と、自身が代理店を務める酵素玄米炊飯器「酵素玄米Labo」で炊いた玄米。

て提供するのではなく、スクール内のキッチンで子どもたちと一緒に作って食べるスタイルなのでライブ感を重視。臨機応変にメニューやレシピを変えて楽しんでいます。もともと子どもが大好きで、最初についた仕事はヤマハの音楽教室の幼児科の先生でしたし、食関連で最初にとった資格も食育インストラクターでした。食の仕事を始めて子ども向けのワークショップを開催したり、子ども関連の仕事が増えてきたところで舞い込んだお話だったので、誰にも渡したくないって思ったほど。決まったときは嬉しかったですね。60歳になって念願の子育てを体験しているようで、今は生きがいになっています。好き嫌いが多かったり、食べること、料理を作ることに興味がなかった子どもが、『スクールのごはんがいちばんおいしい』『料理を作るのが楽しい』と言ってくれると、涙が出そうになります」

発酵食品を取り入れて体を整える

寺本さんの食の活動のなかでライフワークになっているのが発酵食。料理教室はもちろん、フリースクールの食事でも必ずぬか漬けやお味噌汁など、

№1 寺本りえ子さん

いろいろな発酵食を盛り込み、発酵食品になじみがない子どもたちにもそのおいしさを伝えています。

「発酵食に目覚めたのは10年以上前、宮崎の親戚が作る酵素シロップに出会ってから。自生しているイチジクやアケビを、裏庭に置いてある甕《かめ》に黒砂糖と一緒に入れて作るシンプルなものですが、それを飲むと腸の調子がよくなって体調もいいんです。それから発酵食の勉強を始めて、発酵マニアの友人と一緒に、味噌、みりんの蔵めぐりもしました。2013年に立ち上げられた宮崎県産有機野菜ブランド『ベジオベジコ』ではスムージーのほか、ぬか漬けや味噌セットも発売。同時に発酵食の作り方も伝えていきたくて、発酵食品の料理教室やワークショップも始めました」

60歳になった現在も、精力的に活動する寺本さんの元気の源も、やはり食にあります。日々の基本の食事は、酵素玄米と味噌汁、麹納豆、ぬか漬けなど手作りの発酵食品と野菜が中心。腸活を意識した内容です。

「発酵食品は〝ハッピーホルモン〟とも呼ばれるセロトニンの分泌や免疫力を高めることにも関わっているといわれるので、普段の食事から多種多様な菌を発酵食で取り入れることを心がけています。また、消化は体に負担をか

好きな香りに包まれてリラックス。
ストレスは持ち越さず
セルフケアで早めに解消します。

右上：朝一番に口にするのは白湯。右下と左ページ：アロマキャンドルを焚いてフルーツハーブティーを飲みながら、プロジェクターで映像を観るのが夜時間の定番。下２点：メンタルの状態に合わせてチョイスするヒーリングハーブスのフラワーエッセンス。ひとり時間には、世界の料理のレシピ本を読むのが楽しみのひとつに。

けるため、夕食と翌日の朝食を12時間あけることを習慣にして、腸内環境を整えています。これだけで体が軽くなりますし、朝の目覚めもよくなります」

19時くらいには夕食を終えるように心がけて夜はゆったり過ごし、21時くらいにはベッドに入り、読書や映画を観て眠りにつく。朝は6時前後に目が覚める、いいサイクルに。今では早寝早起きも習慣になりました。

セルフケアで揺らがない土台をつくる

食に加え、寺本さんが大切にしているのがセルフメンテナンス。「もともと、心のバランスをとるのが下手」ということもあり、体だけでなく心のケアも欠かせません。瞑想やフラワーエッセンス、アロマテラピー、マッサージなどを日常に取り入れて、自分と向き合う時間をつくっています。

「今は若い頃より思い悩む時間が減り、スパッと切り替えられるようになりました。きちんと眠れていないと疲れもとれないし、眠ること自体が体力を使うので、質のいい睡眠が大事なんだと実感しています」

食の世界にやりがいを見いだした50代は、同時にさまざまな試練も待ち受けていました。心の拠り所だった身近な人を亡くし、結婚して16年目の離婚、そして愛する両親を立て続けに見送る……。いろんなことが一度に訪れて、苦しくてつらくて精神的にはボロボロでしたが、不思議と体は健康でした。「これまでのセルフケアのおかげですね」と笑顔で振り返られるのも、メンタルのダメージにもぐらつかない土台が育まれていたから。

「つらいエネルギーをほかに向ければいいと、セルフケアにつながる資格をとったり、さらに食を学んだり、興味のあることにチャレンジしました」

こうした経験を経て迎えた60代。つらいなかでコツコツと積み重ねてきたことが今につながり、フリースクールの仕事をはじめ、やりたいことを引き寄せながら寺本さんのチャレンジは続いています。

私らしいトータルケアを発信したい

「体と心はつながっていますから、本来、食とメンタルは密接なはず。だから、若い女性向けに、食を含めたトータルなセルフケアのアドバイスやカウンセリングができるようになりたいと思っています」

上右：作家ものを中心に集めた料理を彩る器たち。上左：木枠のデッキで20代の頃に録音したカセットテープを聴くのが今の気分。下：有近真澄氏とのユニット「T.V. JESUS」の作品。左ページ：心がざわついたり疲れたりしたときは、目を閉じて瞑想し、気持ちをスイッチ。

自分の気持ちに耳を傾け、
好きなもの、
好きなことに囲まれて
心穏やかに暮らしたい。

そこには、寺本さんらしく、音楽も。

「音楽は私の一部であり、いろんなターニングポイントで救ってくれた大切なもの。食の仕事をするようになってからも、また作りたくなったら始めようと思っていました。それが今きた感じです。でも昔とは少し違って自分が楽しむだけではなく、例えば自分が寝れなかったときに音の力に助けられたように、癒やしの音楽から始めてみようかなと思っています。ソルフェジオや1/fゆらぎ、故郷の音や雅楽などを取り入れられないか模索中です」

年齢を重ねても、「ワクワクすることがたくさんあって楽しい」と言う寺本さん。「自分さえよければ」「今さえよければ」ではなく、「未来につながる笑顔のために、残りの人生を過ごしたい」と語ります。

目指すは〝ひとりお寺〟。音楽があり食がありメンテナンスがあり、すべてが癒やしにつながる、悩める大人のための駆け込み寺です。

「自分と向き合えば向き合うほど、子どもの頃のことが走馬灯のように浮かんで、今の自分をつくっていると実感します。ですから、一周回ってお寺なのかなって。自分の原点を大切にしながら、やりたい気持ちを最優先に。そこに年齢は関係ないと思っています」

パリ生活32年。
自分の〝好き〟に忠実に、
暮らしのなかの
小さな幸せをいとおしむ。

№2

山根恵理子さん

age | 60歳

1960年生まれ。1988年にパリに移住。アパレル関連会社で13年間、日本のブランドの展示会やヨーロッパ生産の商品コーディネート、買いつけなどを手がける。現在は、食品・アルコール輸入販売会社に勤務。

Eriko Yamane

ベランダ菜園の
野菜やハーブの生長から
季節の移ろいを
身近に感じます。

右ページ：週末には、季節の花を買いに近所の花屋さんへ。 上：山根さんのベランダでは、たくさんの花や野菜が生長中。「今のごっちゃりした感じも好きなんですが、きれいに整っている庭にひそかに憧れています」。窓辺には、手作りの小鳥のえさ場も設置。そこに殻をむいたひまわりの種を置くことが毎朝の日課に。小鳥たちも頻繁にやってきて、食事を堪能しては合唱する。

手作りの食事と洋裁、家庭菜園、蚤《のみ》の市めぐり。パリで自分らしい暮らしを実現している山根さん。「ものを愛し、長く大事に使うこと」が生活に根づいています。

少し歩けば、高台からパリが一望できるモンマルトルの丘。パリならではの美しい小道もあちこちにある、にぎやかで便利なエリアに山根恵理子さんの住まいがあります。33年前、1988年6月末にパリへ渡った山根さん。当時は若い女性が海外留学にどんどん出ていった時代でした。

簡単に言うと時代の波に乗ってみた、ということです。学生時代に第二外国語でフランス語を専攻。その後、ヌーヴェルヴァーグの映画をとおしてフランス語の発音の美しさに魅せられ、玉村豊男著『パリ 旅の雑学ノート』をなめるように読み込みつつ、せっせと貯金。2年の予定でフランス語を学ぶためにパリに渡りました。パリ大学文明講座で2年間、さらにパリ第三大学言語学科進学予備コースでフランス語を学んでいましたが、途中で、テレビ局のアルバイトの面接で同郷の山根と知り合い結婚することとなり、それ以

№2 山根恵理子さん

来ずっとパリに居着いています。留学から結婚というよくあるパターンです」

1996年から勤務していたアパレル商社の関連企業では、フランスのブランドと日本企業の業務提携の進行、日本ブランドの展示会のコーディネート、フランス衣料製品のライセンス契約や、日本企業への輸出のサポートなどの業務を担当。その後、40代半ばで食品やアルコールの輸入販売会社に転職し、現在も週5日間はフルタイムで勤務しています。

忙しい平日に区切りがついた週末には、食材の買い物、掃除・洗濯、天気がよければ散歩や古物市を楽しみます。行きたい展覧会があれば予約をとって出かけ、インテリアや食関係の本が豊富な書店に立ち寄るなど、好奇心のおもむくままに過ごす時間も大切にしています。

好きなものでつくる風景が穏やかな幸せを運んでくれる

ご自宅のリビングにおじゃますると、そこは、長い時を経てなじんだインテリアがぬくもりを添える空間。使いやすくまとまったキッチンエリアの向こう側に、長年にわたって蚤の市や古物市で集めた家具が並んでいます。

リバティ生地を買って、
何を作ろうかと
考える時間が楽しい。

右上：季節の花は花屋さんから調達。赤色が美しい牡丹の花。
右下：部屋の中にも、空間をみずみずしく彩るグリーンを。水をやり、葉っぱをふき、枝を剪定するなど、世話も入念に。視線の先にグリーンがあることで、自分らしいくつろぎの場に。

上：ひたすら無心になれる洋裁の時間。「服作りは、自分の娘用に作ったのがきっかけ。生地屋さんでリバティプリントを見ると興奮して、とりあえず用尺で購入。そのあと、何を作るかあれこれ考える時間が楽しい」
下：長年にわたって買い求めたリバティの生地。今では貴重なデッドストックもたくさん。

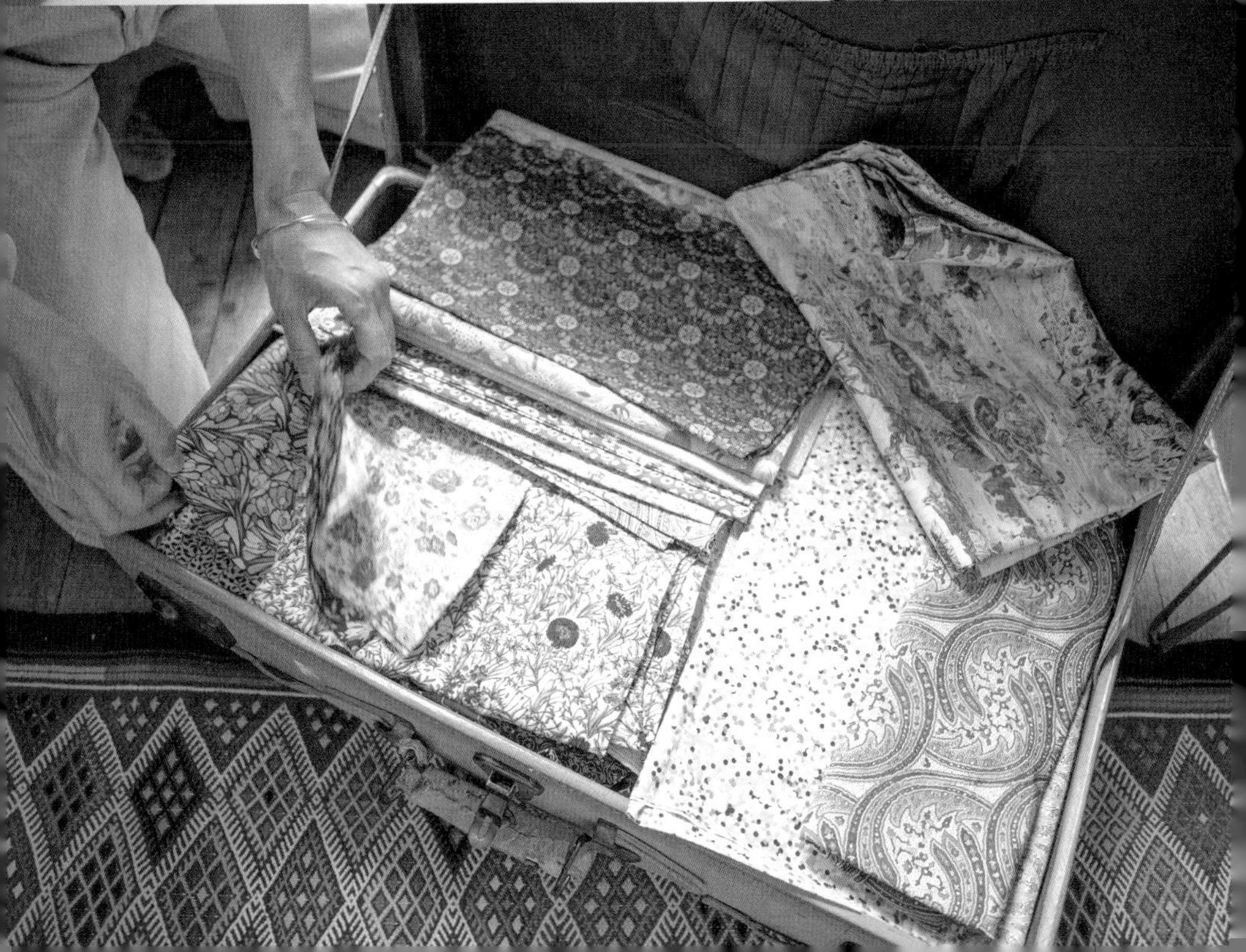

このアンティークをはじめとして、人の手がかかっていると感じられるものを愛《め》で、毎日の生活を楽しむのが山根さんのスタイルです。

「家に転がっているものは、フランスに来て以来好きになった古物市をまわって、その時々で好きだったものを集めたため、実は一貫性がないんです。亡くなった夫の持っていたソファや和箪笥《だんす》、ピアノ、子どもが幼い頃に買ったもの、友人から譲られた道具箪笥など、混沌としたものと時間の集積が自分の家だと感じます」

山根さんのご自宅に伺って、いつも感じるのは居心地のよさ。アンティーク家具や淡い色合いの布に彩られた懐かしさを感じる空間に、ほっと心がゆるみます。物があふれた乱雑さはなく、部屋のコーナーを素敵なアイテムが彩り、調度品とのハーモニーが生まれています。

リビングを通り抜け、日当たりのよいテラスに出ると、一面、緑の世界。種から育てたゆず、みょうが、山椒、ローズマリー、タイム、しそなどの果樹や野菜、ハーブ類――その生長を見るのが、毎日のささやかな楽しみになっています。この家庭菜園から届く自然からの贈り物は、日々の食事どきにテーブルを彩ります。

№2 山根恵理子さん

娘と普通のごはんを食べることが何よりの幸せ

「健康は食から、と思うので、野菜や肉、魚、穀類、果物をまんべんなくとるようにしています」

ある休日のランチは、ちらし寿司、高野豆腐、サーモンのサラダ、お吸い物と、旬の野菜がたっぷり。ちらし寿司にはテラスの山椒を入れて香り豊かに。そして、自家製味噌、ニンニクペーストなどの手作りの調味料は、味に奥行きを与え、山根家の味を再現するための必需品です。

食事の際には、古物市や蚤の市をめぐって集めた皿を愛用。季節感や料理との相性を考えながら盛りつけていくのは、創造的で楽しい時間です。

「いいかげんに子離れしなさいという声があがりそうですが、娘と普通のごはんをおいしく食べることがいちばんの幸せ」と言う山根さん。現在28歳になる娘さんが、新型コロナによるロックダウンやテレワークで頻繁に家に来るようになったことは嬉しいサプライズでした。また、娘さんが外国に1～2年派遣されるかもしれないので、今のうちに二人の時間を楽しんでおこうとい

手をかけて
作られたことが
わかるもの、
時を経たものが
好きです。

蚤の市でコツコツ集めたアンティークの皿は、100枚以上のコレクションに。「でも今は物を増やしたくないので古物市でも見るだけ。もう皿はいりません」

右ページ：「子どものときの私は偏食で体も弱かったようですが、大人になってバランスよく食べることを意識してからは、比較的丈夫になったと思います」。使いやすく清潔に整えられたキッチン。手際よく、おいしい料理が次々に完成していく。［左4点］右上：コーヒーはハンドドリップ派。右下：義母から譲られたレシピ帳は、雑誌『婦人之友』を創刊した羽仁もと子の思想に賛同する女性たちが全国に広げた「友の会」の、岡山友の会が1991年に作ったもの。お気に入りは、高野豆腐、新じゃがのそぼろ煮、利休饅頭、水ようかん、きゅうりのからし漬け、卵の花。左上：10分煮るだけのいちごとルバーブのジャム。左下：iPadでレシピを確認したり、調べものをしたり。

う気持ちも募ります。

「娘が仕事を始めて3年と少したち、今後彼女がどのように自分の人生をつくっていくのか見守っているのは嬉しいこと。日々いろいろありつつも、なにはともあれ二人で生きていることが幸せです」

体も心も健やかでいるための小さな工夫

「子どもが大人になり、配偶者もいない今、仕事以外は100％自分のフリー時間」と言う山根さんは、健やかに過ごすための3つの習慣を実践しています。必要な時間眠り、入浴でリラックスし、そして、自分のやりたいことを集中して行える時間を設けてストレスを解消すること。

また、海外での生活は、行政の手続きも複雑で時間がかかり、水道・電気・ガスなどのライフラインの故障も頻繁。なにかと気疲れしやすく、メンタル面のヘルスケアもおろそかにはできません。些細な悩み事は毎日尽きることがなく、気持ちの切り替えが困難なときは、ひたすら歩くことで心と頭を空っぽにしています。

№2　山根恵理子さん

「フランス社会に適合できているのかと言われれば、否《いな》と答えざるを得ないです。腹を割って話せる友人もいないですし、一歩踏み出してそれを求めてこなかった自分を、残念だと思うこともあります。もともとがひきこもり傾向なので、亡夫やこちらで生まれ育った娘の、すっとフランス人のなかに入っていける、自分で壁をつくらない心がうらやましい。『自分はどう思うか、なぜそうなのか』という論理づけが身についていて、『よって基本的には自分は悪くない』というこちらの方々の思考回路に、納得できなかったり、疲れたり、怒ることもありますが、面白いと思うようにしています。ポジティブ思考を刺激されるという感じでしょうか」

若いときはストレスのもとになっている原因から逃げていた、と振り返る山根さん。でも今は対処することができるすべを体得しています。

まず友人に相談し、娘さんにも意見を聞き、そして意見の統合を行い、しばらく自分と向き合ってから結論を出す――。人に話すことで、自分が悩んでいたことがなんてちっぽけなことだったのだろうと気づかされることも。

「若いときは自意識が邪魔をしていて人に相談ができなかったんですね。助言をもとに解決策を考察するという普通のことができるようになったのは、

右上：朝起きたらまず水を一杯。「朝ごはんのときには白湯を。仕事に行くときは、魔法瓶に白湯とオーガニックの生姜の皮を干したものを入れて持っていきます」右下：身支度をしながら毎朝聞くラジオ。「毎週聴いているのは「On va déguster《オン・ヴァ・デギュステ》（味わいましょうの意）」という、François Régis Gaudry《フランソワ・レジス・ゴードリー》の番組です」左上：健康維持のため、りんごを毎日１個。左下：イタリア語の勉強中。家族３人で何度も旅をしたイタリアにはたくさんの思い出がある。

子離れしなさいという声が
あがるかもしれませんが、
娘と普通のごはんを
おいしく食べることが
いちばんの幸せ。

ギリシャ料理の本を眺める読書の時間。「野菜中心でおいしそう。旅行に行ってみたいなと思いながら想像しています」

老い先も短いですし、人様の知恵を借りてストレスのもとを排除するようにして、なるべく幸福感を感じられる毎日にしたいと思うからでしょうね」

　これまで山根さんは周りの人たちに大いに助けられてきました。家族の大事な一員を失ったあと、心配事の相談や愚痴、嬉しい出来事に付き合ってくれた友人の存在。今の会社に誘ってくれた経営者や、仕事の同僚。昔は、すべて自分中心、自分がいちばん大切、ひとりで何でもできるという気持ちが大きかったけれど、今は他人や家族があっての自分、と折にふれ感じるように気持ちは大きく変わりました。そのほかに、若い頃と比べて変わったことは、なんでしょうか。

「人は、ふっとある日突然いなくなってしまうことがあり、いつか自分も当然この世から消えていくという認識はあるものの、若い頃はそんなことはあまり意識せずに生きていたと思います。人生に終わりがあることを考えるようになりましたが、ネガティブにではなく、ここまで生きてこられたこと、そして自分にかかわりのある人たちに感謝する気持ちを大切にしたい。さまざまな出来事や出会いがあって今の自分がある。遠い記憶がふと戻るような瞬間がこれから増えていくことが、歳をとるということなのかもしれません」

№ 3

歳を重ねて、さらにわがままに。
パリでも日本でも、好きな場所で
好きなことをしながら、
好きな人と過ごす時間を大切に。

高山美奈さん

age | 62歳

大学卒業後パリへ。マガジンハウスのパリ支局で撮影や取材のコーディネーターとして活躍し、パリ在住のデザイナーやアーティストと親交を深める。2017年に帰国し、現在はパリ発のコスメブランドに勤務。

Mina Takayama

新生活を始めて数か月。
新しい場所での出会いに
胸を膨らませて、お散歩へ。
すべてにワクワクします。

「シャルル・ド・ゴール空港に似たにおいを感じたこと、革靴で街を歩くときの感触が
パリのように自分の足に合っていたこと」も、この地を暮らしの場に選んだ理由。

大好きなパリを離れ、日本で新生活を始めた高山さん。どこにいても好奇心のアンテナを常に張り、新しいことにも軽いフットワークでチャレンジしています。

35年間過ごしたパリを離れ、日本に帰国して4年。現在はパリ発のコスメブランドに勤務する高山美奈さん。ブランドが日本に上陸してから店舗に立ち、ブランドの世界観や商品の魅力をお客様に届けています。

高山さんが暮らすのは、古くからの友人が住み、パリのにおいも感じる自然豊かな場所。マンションの目の前には大家さんが耕す畑があり、大切に育てられた旬の野菜が季節の移り変わりを教えてくれます。収穫したての野菜をドアノブにかけてくださったり、野菜のおいしい食べ方を教えてくださったり。また、あるときは高山さんの自転車をさりげなく修理してくださっていたり。心に沁みる大家さんのセンスある心遣いと優しさが、高山さんの暮らしに潤いを与えています。

「近所に住む大家さんご夫妻は70代ですが、すごくおしゃれでポジティブでかっこいい！　そして最高にセンスがいいんです。お二人を見ていると、こんなふうにセンスよく暮らしていけば、こうなれるんだと、10年後の自分を想像できるようになりました。身近に人生のお手本がいてくださるって幸せなことだなと感じています」

チャレンジの連続だったパリ時代

美大でグラフィックを学んだ後、パリに渡って彫刻と陶芸にトライするも、気管支を悪くして、その道を断念。すぐに気持ちを切り替えて美容学校に入り直し、モッズヘアに入社。その後、縁あってマガジンハウスのパリ支局で働くことになりました。雑誌『アンアン』や『オリーブ』の撮影や取材のコーディネーターとして活躍。ほかに、サザビーやコンラン・ショップといったインテリア系のブランドにも携わるなど、高山さんのキャリアの広さに驚かされます。

「いろいろなことに興味があって、気になることは何でもトライしてみないと気がすまないから、すべてがチャレンジでした。１９８０年代のパリはい

自分の好き嫌いに忠実に。
こだわり抜いて選んだものだけに
囲まれて暮らしています。

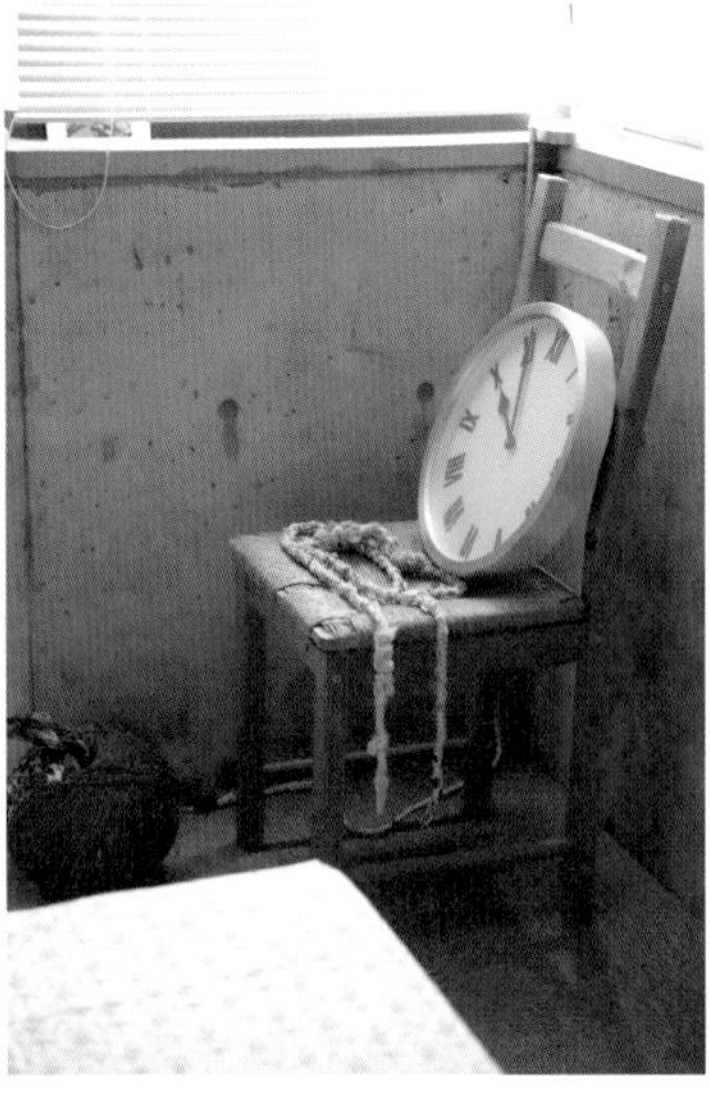

上：ベランダでは植物がすくすく。水やりはジョウロではなく、アルミのバケツに水を汲み昔懐かしい柄杓で行う。左:アンティークの椅子に、古い掛け時計と作家ものの組紐を組み合わせたコーナー。無造作に置いただけなのに素敵。左ページ：キッチン前のリラックススペース。季節に合わせてリバティの布を変えたり、手軽に模様替えを楽しむ。うさぎのロッキングは息子さんの１歳の誕生日に母親に贈ってもらったイギリスのヴィンテージ。

い時代で、どの企業も元気でしたし、デザイナーやアーティスト、俳優など、日本の著名人がパリを愛して通っていて、人との出会いも刺激的でした。学ぶことも多かったたし、とにかく遊んでいましたね。そういうシーンにいられたのはすごくラッキーでしたし、いつ死んでも後悔はないって思うくらい充実していました。今の私の原点ですね」

行くときも帰るときも自分の意思で

高山さんがパリに渡ったきっかけは、パリ好きだった母親の影響から。子どもの頃からフランスの哲学者、シモーヌ・ド・ボーヴォワールの言葉を引用して、「あなたは女に生まれたけれど、女にならなければならない」と言われて育ちました。

「この言葉の意味が理解できず、ずっとパリには興味を持てなかったんです。母への反発もあったんでしょうね。高校時代はアメリカに留学しました。でも、大人になって初めてパリを訪れたその日に、素敵なパリジェンヌ母娘の会話を聞いて、〃女になる〃の意味が少しわかりました。これはちょっと面白そうと、それから35年ですね」

№3 高山美奈さん

人生の半分以上を過ごし、〝女になる〟ことを学び、実践してきたパリ。仕事に邁進するなか、32歳で息子さんを授かり、ひとりで産んで育て、親子の歴史を刻んできた場所。でも街は、時代が変われば、人も環境も変わります。それを感じとったとき、高山さんはパリを離れる気持ちになりました。

「歳を重ねてくると、両親の介護や家族の都合で仕方なく日本に帰る人が増えていきました。それを見ていたから、『私は自分の意思で帰ろう』と決めていました。4年前がそのタイミングです。便利な時代になって、そのぶん人との距離はどんどん離れていく。どこにいても同じだなって思ったのが、日本に帰るきっかけでした」

不便さを楽しみ、自分らしく暮らす

便利なものを嫌い、不便なものを愛する高山さんの暮らし。料理は備え付けのＩＨコンロを封印してカセットコンロを使用し、飲用水はペットボトルではなく沸かした白湯を。めだかを火鉢で飼い、植物には柄杓《ひしゃく》で水をやり、夜はキャンドルの灯りで過ごしています。食卓にはパリの骨董市で出会った

休日は気心の知れた友人を招いて
手作りの料理を囲んで戯《たわむ》れる。
そんな、ささやかな時間に幸せを感じます。

右ページ：キラキラと日差しが注ぐリビングが友人との集いの場。お気に入りの器を並べて手早くセッティング。おいしいものをつまみながら、たわいもない会話を楽しむ時間がいとおしい。上：人を招くときはパンを焼き、大家さんからいただいた野菜やハーブを使って、手軽におもてなしごはんを作る。下：クルミとレーズンを練り込んだ、むっちりみっちりの手作りパン。

アンティークの器と母親から受け継いだ古伊万里が並び、ワードローブの中心にある洋服やバッグ、靴も何十年と連れ添った味わい深い愛着品ばかり。「パリでいいものを代々受け継いで、今の暮らしに上手に取り入れている人たちと出会って、本当にいいものと暮らしたいと改めて思いました。ものの背景やストーリーも含めて選んでいますから、現代の便利すぎるものは自分らしくないと感じています」

同時に、日本の古き良きものに気づいたと言う高山さん。今では愛すべき古伊万里も、パリで過ごした暮らしのなかでの再発見だったと言います。「母が古伊万里に魅せられて収集していたので、私も幼少期から使っていましたが、当時は全く興味がありませんでした。高校生のときにはウエッジウッドやピーターラビットなどの洋食器がキラキラと見えて、一時期は母とピーターラビットVS古伊万里の戦いがあったり、どちらかといえば否定的でした。その価値に気づいたのはパリに渡ってから。なんとなく持っていった古伊万里を来客時に使っていたら、フランス人にすごく感動されて……。著名人を取材しても必ず古伊万里が出てくるくらいですから、やっぱりいいものなんだと思えるようになりました。子どもの頃の記憶が私のなかに刻まれて

№3 高山美奈さん

いたからこそ、パリでその素晴らしさに気づくことができたのだと思います。母に感謝ですね」

ムダな時間こそ幸せの時間

忙しいからこそ、便利なもので時短をする時代ですが、高山さんは仕事に子育てにフル回転だったパリ時代でも、ちょっとしたすき間時間をムダとは思わず、母子の幸せ時間に変えていました。

「息子にファーストシューズから革の紐靴を履かせていましたが、小さい子どもは自分で紐を結べませんよね。もちろん私が手伝っていましたが、息子の正面に屈んで紐を結びながら、ちょっとした会話をするのが日課になっていました。ほんの2~3分ですが、その時間がすごくいとおしくて。あえて時間のかかる靴を選んでいましたね」

仕事では合理化が進み、文字を書くことが減り、人と接する機会も減っています。それでも高山さんは文字を書くことを大切にし、どんなことでも自分で見て、触れて、感じて、考えることを優先します。

上：スケジュールも覚書も手書き派。大切な人に贈るメッセージカードは美しいカリグラフィーで。下：若かりし頃の高山さん。パリ風に写真をさりげなく飾って空間を彩る。

いいものを
受け継ぐ喜びを知り
不便なものを慈しむ。
思い出もしまいこまず、
いつも身近に
感じていたい。

上：息子さんが愛用していたスタートライトの小さな革靴をはじめ、思い出の品を上手に飾って暮らしの一部にする。下：コツコツと集めたL.L.Beanのトートバッグ。

「ついついラクなほうに行きがちですが、目的地まで最短距離で向かうより、時には脇道にそれたり迷ったりすることで、新しい発見や出会いがある。そんな小さなアクシデントやサプライズが人生のスパイスになりますよね」

自分の物差しでわがままに生きる

「自分の好き嫌いを勝手に信じているから、それに従って生きていくほうが楽しいと思うんです。それが私の〝わがままな生き方〟につながっています」

日本に帰ってからも知的好奇心が尽きない高山さんが、今、興味を惹かれているのは、なんと造園の仕事です。

「新宿御苑が好きすぎて、実は日本に帰ってすぐ、『働きたい』と相談にも行きました。自然の空間を創造する過程に携われたら楽しそうですよね。そのときは叶《かな》いませんでしたが、まだやりたい気持ちは消えていません」

暮らしの場も仕事も、自分の好きなところに身を置き、やったことがないことにチャレンジする。どこにいてもいくつになっても、高山さんはわがままに、自分らしい人生を歩んでいます。

№ 4

翻訳者とレストランのマダム、
パリと東京の2拠点暮らし。
どんなに忙しくても
手放せないものがある。

松本ブシェ百合子さん

age ｜ 62歳

上智大学仏文科卒。商社社員、女性誌ライターを経て翻訳者に。フランス人シェフの夫、ドミニク・ブシェ氏のレストランでマダム業も務める。訳書にスアド著『生きながら火に焼かれて』（ヴィレッジブックス）ほか多数。

Yuriko Bouchet - Matsumoto

作家と向き合い、
想いを読み解く翻訳作業。
忙しい日々のなかで
本来の自分に
戻ることができる
大切な時間です。

右ページと上：仕事部屋には、コクトーやピカソなど大好きなアーティストの作品をブックから切り取り、フレームに入れて飾っている。中：朝5時から行う翻訳はコーヒーとともに。下：レイラ・スリマニ著『ヌヌ 完璧なベビーシッター』（集英社文庫）、スアド著『生きながら火に焼かれて』（ヴィレッジブックス）、『Kitano par Kitano：北野武による「たけし」』（早川書房）など、手がけた訳書は30冊以上。

翻訳者として活躍しながら、フランス人シェフの夫をサポート。レストランのマダムとしてパリと東京を行き来する百合子さん。好きなことを手放さず、真摯《しんし》に取り組む姿は輝いて見えます。

凱旋門《がいせんもん》やシャンゼリゼ通りなどがある高級住宅地、パリ8区に、松本ブシェ百合子さんの夫、ドミニク・ブシェさんがオーナーシェフを務める「レストラン ドミニク・ブシェ」があります。もともとの住まいは、レストランと同じエリアに建つ築200年のアパルトマンですが、2013年に東京にお店をオープンする際、百合子さんの実家のあった土地に家を建て、2拠点に。以来、夫婦でパリと東京を行き来する多忙な日々を送っています。

東京の世田谷で育った百合子さんは、フランス生まれの父の影響で子どもの頃からフランスへの憧れを抱いて育ちました。大学でフランス文学を専攻し、18歳で念願のパリへ。帰国後、近所に引っ越してきた松任谷正隆・由実夫妻との出会いをきっかけにライターのアルバイトを始め、書くことの楽しさを知りました。その後、女優のインタビューや雑誌の海外取材など、フリー

№4 松本ブシェ百合子さん

のライターとして活躍するなか、26歳で結婚。しかし、30代に入って離婚を考えるようになり、「これまでと違う生き方を」と百合子さんが選んだのが、フランス語の翻訳者の道でした。

そして、35歳のときに出会ったフランスのベストセラー小説『かもめの叫び』で翻訳者デビュー。パリを訪れることが増え、のちに夫となるフランス人シェフのドミニクさんと出会いました。このとき、ドミニクさんは「ホテル・ド・クリヨン」の総料理長。誰もが憧れるトップシェフでしたが、百合子さんは「全く興味がなかった」と笑顔で振り返ります。

百合子さんがパリに移住したのは40歳になってから。翻訳者としてキャリアを積み重ねていくなか、「翻訳の力をもっとつけたい」と小さなアパルトマンでパリ暮らしを始めました。

「実は、これが人生初のひとり暮らし。ですから、パリは私が自立した場所でもあります。しかも異国なので、思いもよらないアクシデントに見舞われたりして、落ち込んだり、涙したり。パリの暮らしは闘いの場でもあり、心身ともに鍛えられました。そんななかでドミニクと親しくなり、一緒に暮らし始めたことで、よりフランス人の生活に踏み込むことができました」

二人でいても
互いに自分のペースを崩さない。
そんな、ほどよい距離感が
心地いいのです。

右ページ上：午後のリラックスタイムは日本茶で。健康のためにと、ドミニクさんにも飲ませている。右ページ下：急須は備前焼、湯飲みは京焼。少しずつそろえたお気に入りの和食器を使うと気分が上がる。下：百合子さんがひと息入れている後ろで、ドミニクさんが書類仕事をこなす。一緒にいる時間が長いからこそ、自宅では思い思いに過ごす。

翻訳とマダム、スイッチを上手に切り替える

朝の5時、ベッドからむくむくと起きて仕事部屋へ。百合子さんの一日は翻訳の仕事から始まります。ここから4時間は、作家と一対一で向き合う大切な時間。コーヒーを淹《い》れてクラシックをかけ、デスクに向かいます。翻訳中に流す曲はひとつの物語にひとりの作曲家と決めていて、原書のイメージに合うクラシックを選んでテーマ曲に。イントロがかかるとスイッチが切り替わり、物語の世界にスッと入って静かに主人公たちの声に耳を傾けます。
「私がそうであったように、翻訳本を手にした読者の方にも一気に読んでもらいたいから、作家の想いを忠実に伝えたい。ですから、忙しくても丁寧に、可能な限り時間をいただいて作業をしています。この時間がすごくいとおしくて、終わりが近づくと寂しくなります」

翻訳の仕事の後は、百合子さんのもうひとつの顔、レストランのマダムの仕事が待っています。ドミニクさんのサポートとして、日本の「ドミニク・ブシェ」と名がつくお店で起きていることすべてをドミニクさんが把握でき

№4 松本ブシェ百合子さん

るように、そして彼が考えていることをスタッフに伝えるために、百合子さんが間に入ってやりとりしています。とくに日本に滞在中は通訳を兼ねてドミニクさんと行動をともにするため、パリにいるときより忙しく、打ち合わせや電話、メールに追われています。

「マダムの仕事は日本にお店がオープンしてから始めたことで、自分が思い描いていた人生には全く入っていませんでした。でも、商社時代の同僚やライター時代に知り合った方がお店に来てくださることも多く、自分ではあまり意識はしていませんでしたが、人間関係を大切にしてきたことが今、生かされているのだとありがたく思っています。いまだに自分がダメな部分はたくさんあって、若いスタッフに迷惑をかけていますが、学ぶことや喜びも多く、楽しみながら自分でバランスをとっています」

それが、どんなに忙しくても確保している朝5時〜9時の翻訳の時間です。

「自分で自分を忙しくしているとわかっていますが、それでも翻訳は、なくてはならない私の一部。この時間がないと何か少し欠けているようで、バランスが保てなくなるんです。お金のためでもない、純粋に翻訳という仕事が好きなんですね。極端に言えば死ぬまで続けたいことです」

シャンパーニュと読書、入浴。数少ないルーティンが日々の疲れを癒やしてくれます。

上：朝食はシンプルに。夫婦ともにヤクルトと野菜ジュース、バナナで軽くすませる。中：ちょっとしたすき間時間にも読書。何気なく手にした一冊が仕事につながることも。下右：サンタ・マリア・ノウェッラのお気に入りの入浴剤を入れて、湯船に浸かりながら本を読むのがやすらぎの時間に。

夜の7時くらいになると、ドミニクさんが百合子さんの仕事部屋へシャンパーニュを届ける。これが仕事終わりの合図。この日はテラスで「ドミニク・ブシェ」オリジナルのシャンパーニュを開けて乾杯。

ひとりで作家の書きたいことに向き合っているときがいちばん自分らしく、百合子さんにとって至福の時間なのです。

一日の最後に幸せのシャンパーニュが待っている

今でこそ、朝の4時間と決めて、翻訳にいそしむ百合子さんですが、パリでひとり暮らしをしていた頃は、自宅に引きこもり、寝る間も惜しんで机に向かっていたと言います。好きなことにはまっすぐに、時間を忘れて没頭する。「そんな生活も嫌じゃなかった」と振り返りますが、それをいい意味で破ってくれたのがドミニクさんでした。

「彼と暮らし始めてすぐのことですが、私が翻訳の仕事をしているときにシャンパーニュを持ってきたんです。飲んだらできない仕事だから、最初は『なんで今!? ありえない！』って思いましたね。でも、『夜なんだからもうやめなさい』って、ホイッスルを吹かれたみたいで……。『そっか、このまずっと仕事してても集中力が落ちるだけだから、今日はここで終わりにしよう』と、考え方を変えることができました。そこから、彼とのシャンパーニュタイムが幸せの時間に。今では、ルーティンになっています」

フランスではディナー前のハッピーアワー、アペリティフを楽しむのが一般的。夜の7時くらいになると友人たちで集まり、軽いお酒を飲みながら会話に興じ、それぞれ自宅に帰ってディナーをするのが習慣になっています。

「このワンクッションが豊かだなって思います。パリのお店があるエリアはすごくアットホームで、ドミニクはみんなのおじさんのような存在。日本から戻ってお店の通りを歩いていると『元気だった？ 一杯飲んでいきなよ』って私にも声をかけてくれます。初めは入りづらくて躊躇《ちゅうちょ》したこともありましたが、いろいろな話を聞いてくれるので、今はありがたいなって思っています。日本ではこういう習慣がなくて、ちょっと寂しいですね」

パリと東京、夫婦のこれからを考える時期

「ドミニクから、パリの田舎にお墓を買ったと聞いて驚きましたが、彼の家族も入っていて、私の〝終《つい》の棲家《すみか》〟だと言われています」

苦楽をともに歳を重ね、近頃は互いに夫婦の未来を少しずつ考えるように

大好きな絵画や
思い出の写真。
パリ風の
アートピースで彩る
自分たちらしい空間を
目指しています。

右ページ：ドミニクさんと30年来の友人、フランス人画家のピエール＝マリ・ブリッソンさんの作品『ダンサー』を、家の顔であるリビングに。この作品を中心に、インテリアが選ばれて配置されている。右：百合子さんとドミニクさんの素敵な一枚。オーナーシェフとマダムの貴重なショット。下右：昔そろえた日本現代文学全集。「本を整理していた際に処分するつもりで仮置きしたら、インテリアになじんでいたので、そのまま定位置に」 下左：「ドミニクがどんどん飾っちゃう」という写真コーナー。ドミニクさんの小さい頃から彼の子どもたちや孫の写真まで、ギャラリーのように飾られている。

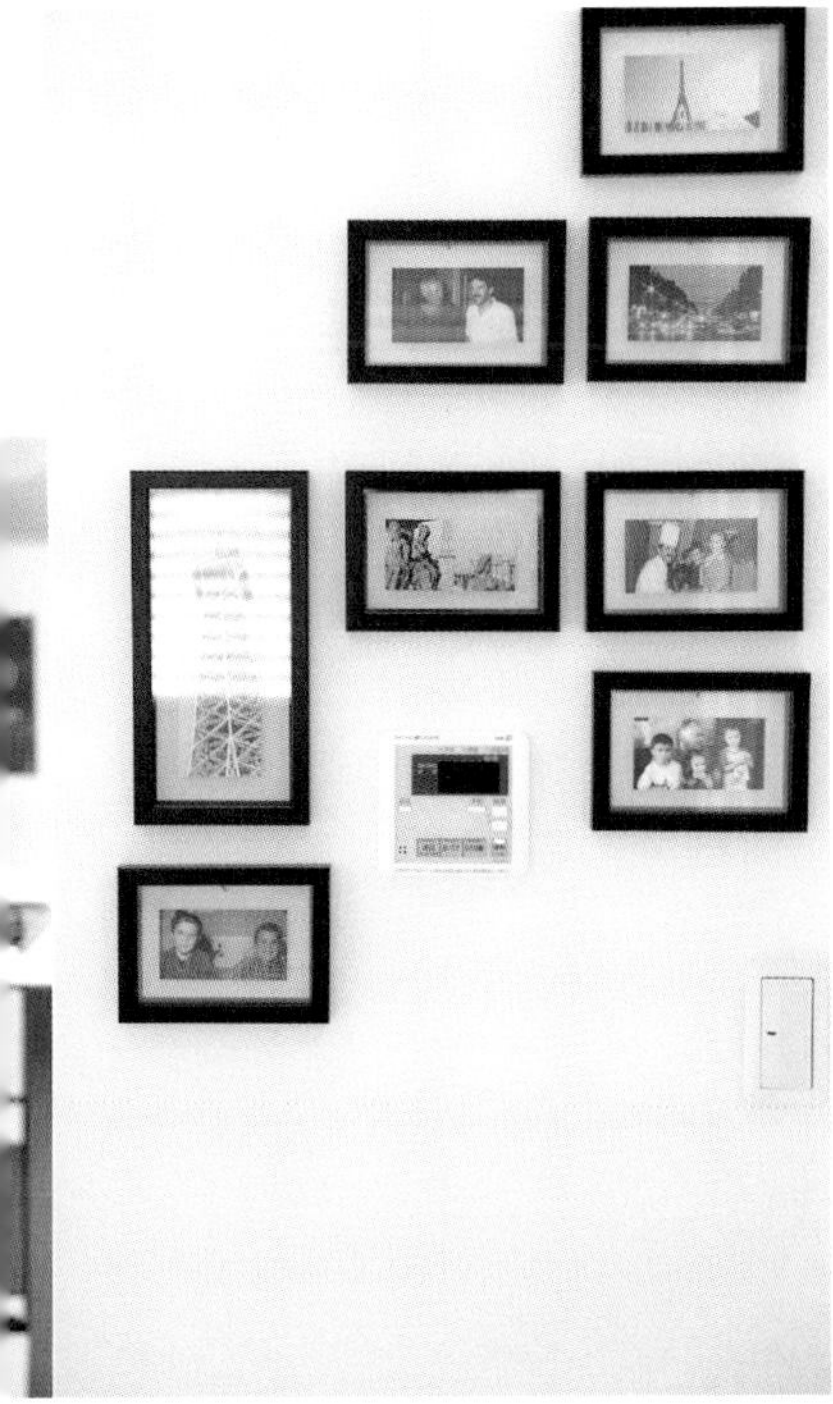

なった二人。百合子さんも60歳を過ぎた頃から、2拠点生活は「何が起こるかわからない」と、やることとリストに生前整理を記し始めました。「終活なんて大げさなものではありませんが、残された人たちが困らないように、日本で何かあった場合、どちらかが先に逝った場合など、いろんなケースを考えて早めに整理したいと思っています」

もうひとつ、数年前から夫婦で取り組んでいるのが、自閉症の子どもの個性と創造力を応援するプロジェクト。「食の力で子どもたちに少しでも寄り添いたい」と、〝アート（生の芸術）とガストロノミー（食文化）〟がひとつにつながる企画を、日本のお店で展開しています。

この先、パリと東京、どちらに最後の居を構えるかはまだ未定ですが、それはドミニクさんが引退してからの楽しみのひとつになっています。「二人で元気でいられたら、どこで暮らしても幸せだと思いますが、理想はやっぱりフランスですね。老後ならパリではなくて田舎でゆっくりと、犬がいる暮らしをもう一度楽しみたいです。そこで私は翻訳をしながら、シャンソンと演歌の比較研究をしたり、興味のあることに没頭したいです」

少し先を見据えてコツコツと。
仕事や節約を頑張って手に入れた
経済的な老後の安心があるから
今、いちばん自由で幸せ。

№ 5

ショコラさん

age ｜ 65歳

60歳で始めたブログ『60代一人暮らし 大切にしたいこと』が話題となり、トップブロガーに。著書に『58歳から日々を大切に小さく暮らす』（すばる舎）、『65歳から心ゆたかに暮らすために大切なこと』（マガジンハウス）。

Chocolat

空間に合わせて
小さいものを
必要なぶんだけ。
時には手放す
勇気が必要です。

1LDK を広く使うため、仕切りを外してワンルームに。さらに、家具を端に寄せて
部屋の中央にフリースペースを作ることで、空間にゆとりが生まれる。

待ちに待った年金生活がスタートした現在も月12万円の生活費でやりくりしているショコラさん。自分にフィットする穏やかな暮らしを実現しています。

ひとり暮らしを始めて23年。好きなものに囲まれたお気に入りの空間で、自由な時間を満喫しているショコラさん。60歳を目前に、「息子たちに迷惑をかけないように」と思い立ち、暮らしを整える「老前整理」を始めました。人生初のブログを始めた60歳からはその様子を記録し、等身大の目線から綴《つづ》るささやかな暮らしぶりが多くの人の共感を集め、これまでに出版した2冊のエッセイも大好評です。

ショコラさんの暮らしのなかで、まずお手本にしたいのがシンプルで快適な空間づくりです。42平米のご自宅に並ぶのは、北欧の家具や無印良品のソファとベッド、アンティークのローテーブル。家具や小物を厳選して最小限にすることで、開放的で風通しのいい空間が生まれました。

№5 ショコラさん

「昔からファッションやインテリアが大好きで、お買い物も大好き。18年前にこの家を購入した当初は、ダイニングセットやチェスト、棚などの大型家具もありましたし、洋服やバッグもどんどん増えて、部屋もクローゼットもギュウギュウでした。〝これはマズい！〟と、まず大きな家具とクローゼットの衣類や小物、キッチンまわりのものを見直して、お気に入りのものや使用頻度が高いもの以外は、思いきって処分することにしました」

2年近くかけて持ち物を見直しながら物を減らし、理想のシンプルライフを実現。物が減ったことで生活スペースにゆとりが生まれ、そのぶん家事の動線はコンパクトに。一度、ベストな空間に整えることができれば、あとはそれを保つための習慣が自然に身につきます。出したら戻すクセがつき、「とりあえず」のようなムダな買い物が減り、収納スペースからはみ出さないように定期的な断捨離も意識する……。快適で心地いい空間をつくる、いい循環が生まれています。

「ミニマリストのように、なんにも持たない暮らしは私には無理だから、物を減らして好きなものを少しずつ。自分が心地いいと思えないと続きませんから、自分の〝好き〟を見極めることも大事です」

デザイン性と機能性を兼ね備えたこだわりの家具を暮らしの真ん中に。

右ページ上：無印良品のソファは2台目、隣のユッカの樹は友人からの引っ越し祝い。18年ですくすく育ち、倍以上の大きさに。右ページ下：探し続けて出会った北欧家具のライティングビューローとシンプルな無印良品のベッド、ヤフオクで見つけたナイトテーブルをコンパクトに並べて。上右：思い出の品こそしまいこまず、目の届くコーナーに飾って毎日眺める。上左：毎日立つキッチンの出窓に切り花を飾る。スーパーなら格安で手に入る。下右：玄関にはお気に入りのマットとスニーカーが1足。これがいつもの風景。下左：北欧のライティングビューローとヤコブソンランプ。メイクや書きものをする定位置。

将来を考えて仕事と住まいを確保する

24歳で結婚し、二人の息子さんが小学校に上がったときからパート勤めを始めたショコラさん。息子さんが高校生になったときに離婚を決意して別居。子どもたちが暮らす婚家の近くにアパートを借りて、子どもの食事を作るために行き来する通い子育てを始めました。4年ほど続けて子どもが成人したのを機に正式に離婚。その間、43歳で「月給がもらえる社員になりたい」と奮起して転職もし、そこから13年勤めた化粧品メーカーで契約社員から正社員となり、最終的には営業所長になりました。しかし、ハードワークとストレスから体調を崩し、定年まで3年を残した57歳で退職。それから現在まで、パート勤務を続けています。

別居して初めて住んだのは、婚家の近くに借りた1Kのアパートです。家賃は水道費込みで月6万2千円。42歳にして初めてのひとり暮らしでした。そこで4年ほど暮らして離婚が成立した後、「子どもたちが遊びに来るには手狭」と、現在の1LDKのマンションを購入。正社員になっていたこともあり、81歳までの35年ローンを組みました。

「46歳での大きな買い物。不安になることもありましたが、ボーナスや元夫の父の遺産を分けてもらったこともあり、繰り上げ返済に励み、56歳で住宅ローンを無事完済。気ままなシングルライフとはいえ、やはり持ち家があるのとないのでは安心感が全然違います。57歳で退職を決意してパートにシフトする気持ちになったのも、ローンを完済できたのが大きかった。それに加え、退職金や企業年金支給の目途がついていたことも後押しになりました」

老後資金の貯蓄もコツコツと、常に少し先を見据えてやりくりしながら準備し、不安なことを安心に変えていくショコラさん。こうした小さな積み重ねが、今の心のゆとりにつながっています。

生活費は12万円。工夫すれば意外に楽しい

ブログや著書で、生活費の内訳をわかりやすく公開しているショコラさん。毎月の生活費は12万円。これは、65歳からもらえる年金受給額の目安を算出

お金も手もかからない
ストレスフリーなやりくりが
節約を楽しく続ける秘訣です。

上：あわただしい朝は手のかからないシンプルな朝食に。中：お昼はお弁当。ゆで卵つきのサラダか具沢山スープに、お気に入りのパンを添える。下：スイーツが大好き。来客時はちょっと奮発して近所のケーキ屋さんへ。

上右：ダイソーのお小遣い帳を家計簿代わりに。いつどこで何を購入したかを簡単に記入。上左：日記代わりに始めたブログは、人とのつながりも生まれる大切な場所。下：寝る前の読書が日課。月に何冊も読むため、図書館で借りて楽しく節約。

し、将来の年金生活に備えて設定した金額です。それを、50代からシミュレーションしていたことで、毎月のやりくりがラクに行えるようになったと言います。

「まず、マンションの修繕積立金と管理費に固定資産税の月割りで3万円、水道光熱費や保険料、通信費などが約3万円。この固定費6万円を差し引いた、残りの6万円でやりくりしています。そのうち食費は2万円で、交際費や日用雑貨、洋服代などのそのほかの雑費が4万円と決めています。長年、家計簿をつけていたおかげで、自分のお金の使い方のクセもわかっているので、この割り振りが私にはベストなんです」

また、月々のお金の管理もひと工夫。引き落としの固定費は銀行口座に残し、残りの6万円は一度に引き出して、食費用とそのほか用の2つの財布に分けておきます。この財布の現金で1か月をやりくりすると、支出の動きが目に見えてムダ遣いを減らせる効果も。

「我慢するためというより、むしろ財布の中を見ながら、今月もやりくりできてるって思えることが嬉しいんです」

目標をクリアして小さくガッツポーズ。ストイックにならないように、時にはゲーム感覚で楽しむことも、長く続けるために必要なのです。

「60歳からは企業年金の支給が月に約5万円あり、これを予備費にまわして使わないぶんは繰り越すことにしました。これまでに貯めた老後資金もありますし、パートも続けていて、もうすぐ老齢年金も入ってくる。先々のお金も見えていたので気持ち的にもラクになっていきました」

もうひとつ大きく変わったのが、40年間つけてきた家計簿をやめたこと。それは、月の収支が頭に入り、家計簿なしでもやりくりできるとわかったから。ただ、いつどこでお金を使ったのかを忘れないように、買ったものを簡単にメモ書きし、定期的に見返しています。

そして、迎えた65歳。待ちに待った老齢年金の受給も始まり、生活費のベースを年金に切り替えました。

「今は生活費を年金だけでやりくりし、パートのお給料を予備費にまわして、たまの贅沢に使っていこうと思います。生活費の額は変えていませんが、安心できる環境が整ったことで、以前より12万円でやりくりすることが面白くなっています」

部屋に花を飾り、休日に銭湯に行く。
ささやかな楽しみが
日常に潤いを与えてくれます。

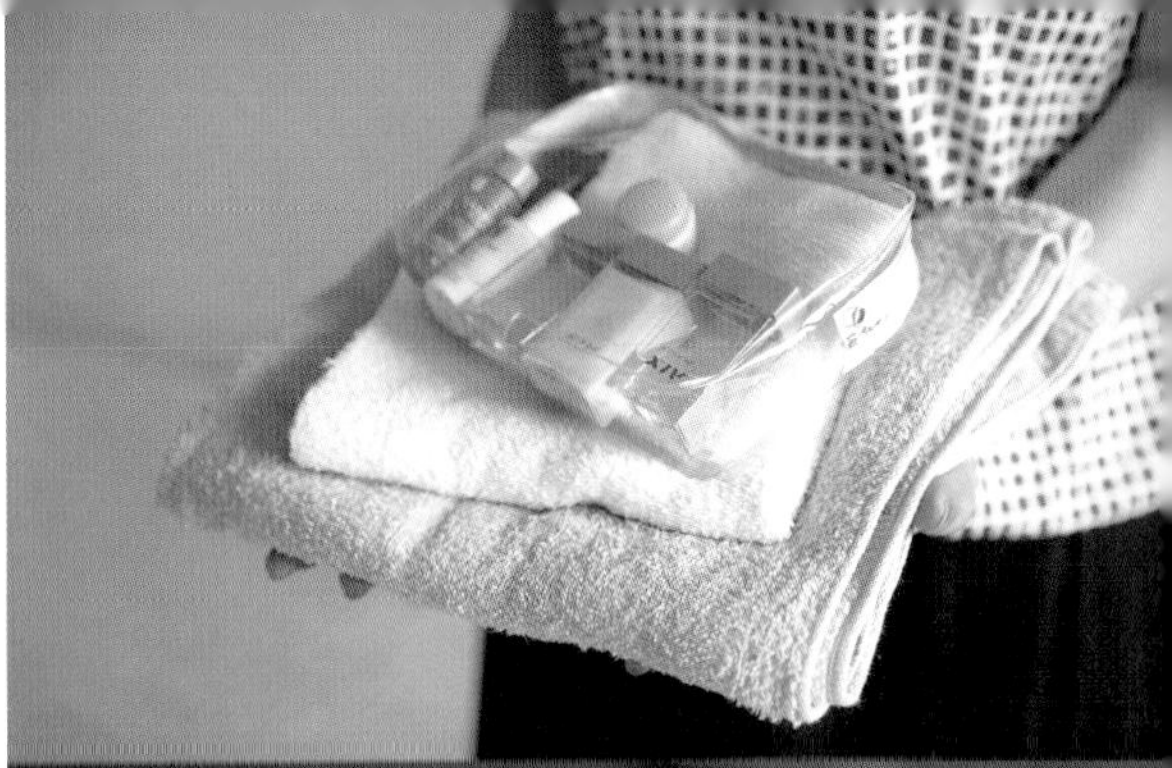

上：銭湯セット。次男と一緒にママチャリを走らせて露天風呂付きの銭湯をめぐるのが、休日の楽しみのひとつに。中：テレビや雑誌を見て気になった旅先を“行きたいところ”リストに記入。見返すだけでワクワクして頬がゆるむ。下：子どもたちとの思い出の写真とショコラさんの若かりし頃の仕事風景。左ページ：花を生ける時間も心が踊る大切な時間。

これからは楽しく働き、穏やかに暮らす

住宅ローンの支払いや生活費を確保するために、がむしゃらに働いていた正社員時代とは違い、60歳を過ぎてからは「収入が減っても自分のペースで働きたい」と、パートのシフトを減らして週4日の勤務に。さらにコロナ禍の影響で時短になったことも「今はちょうどいい感じ」と、肩の力を抜いて働くことを楽しんでいます。

「パートを始めた頃は、『年金がもらえるまで』と決めていましたが、実際にその年齢を迎えてみると、居心地がよくてやりがいも感じているのだから『今手放すのはもったいない！』と、気持ちが大きく変わりました。先のことはわかりませんが、年齢的に最後の仕事になると思うので、働きたい気持ちを大切にしたいと思っています」

身の丈に合った暮らしを崩さず、少しずつ準備をして手に入れた、軽やかで自由なシンプルライフ。愛すべき二人の息子さんとも素敵な母子関係を続けながら、ショコラさんはささやかで穏やかな幸せ時間を過ごしています。

野菜と野草を食卓へ。
移りゆく四季を感じつつ
自分の体の声を聞く。

№ 6

オオニシ恭子さん

age | 80歳

食養料理研究家の桜沢リマ氏に師事。1981年に渡欧し、「体質改善、病気療養」のための食事療法を指導。2013年より「やまと薬膳」を主宰。著書に『なにを食べるかはからだが教えてくれる。』（PHP研究所）ほか。

Kyoko Onishi

歳はとっていきますが、
年々体はよくなっていくような
気がしています。

右ページ：木々に囲まれた「やまと薬膳」のエントランス。上：毎朝、起きるとオオニシさんは庭へ。しばしゆったりした時間を過ごす。下右：肌荒れ、皮膚炎、切り傷には、手作りのよもぎオイルを。下左：庭に咲く野草や草花は季節ごとに変わる。

玄米菜食をベースに、その人の体質に合った自分食を指導。体も心もエネルギーが尽きない、自然とつながるオオニシさんの暮らしです。

「その土地でとれる食べ物を大切に、気候風土や、自分の体に合った食べ方をすれば病気を遠ざけることができます」

オオニシ恭子さんが、奈良県・初瀬に移り住み、古刹《こさつ》・長谷寺のすぐ近くに「やまと薬膳」のアトリエを構えたのは今から8年前のこと。そこは、葛《くず》、よもぎ、イタドリ、コシアブラなどの野草も自生する、豊かな自然に囲まれた場所です。

現在は、毎月1週間は東京、3週間は奈良、その合間にイベントや各地の保養施設やキャンプ、料理教室へ。全国各地で食養生の指導を続けています。オオニシさんの食養生の基本は玄米菜食。季節の野菜や野草を取り入れ、自分の体に適した食事を続けることで、体が整いメンタルも安定すると提唱しています。忙しい日々を過ごしているオオニシさんですが、2012年末に

№6 オオニシ恭子さん

帰国するまでの32年間をベルギーで過ごし、オランダ、フランス、ドイツなどヨーロッパ各地で食の指導を行っていました。
「桜沢如一《さくらざわゆきかず》先生の〝無双原理《むそうげんり》〟にふれ、食の意識が変わり、奥さんの桜沢リマ先生に師事したことは人生のターニングポイントでした」と振り返ります。
マクロビオティックの創始者・桜沢如一氏の提唱する「無双原理」とは、万物は陰陽の二極から成り立ちながらも一つのものであるという哲学。「人間は動物ではなく植物を食べることでバランスが保たれる」という考え方が、オオニシさんの食養生の原点になっています。

自然に寄り添った食べ方で活力を得る

東京・中野に育ち、短大を卒業し、輸出業務を経験。同時に詩作・絵画制作に熱中して、当時の新進の作品展めぐりもしていました。25歳で結婚し、インテリアデザイナーとして活躍するなか、手の湿疹《しっしん》がひどくなり、悩んだ末に出会ったのが食養生でした。

「病院もあちらこちらとまわってもよくならず、最終的に大学病院へ。そこ

気候風土で
育まれる
各人の体質を
見極めて、
体に合った
食事をとれば
健康で
いられます。

食事は、玄米菜食を基本に、その土地でとれる薬草や野菜を取り入れたものを。動物性タンパク質や精製された砂糖はとらない。良質の油、天然の塩、きれいな水など、食材選びも重要。「健康の秘訣は、自分に合う食を守り、人工的・化学的添加物や加工品を避け、菜食で少食。とくに夜は少食・少飲を心がける」

右ページ：野菜は水に挿して保存しておくと、1週間くらいみずみずしさを保つ。下右：米粉の団子にココナッツパウダーをまぶした「ココナッツボールおかし」。下左：出汁スープに浮かぶ「ずんだと自然薯の茶巾」

では検査のために首の後ろの皮膚を切り取ってアレルギー反応を見るというので、今、まさに切られそうなそのときに「帰らせていただきます」と診察室を飛び出したこともありました。その後は、漢方薬を試したものの、偶然会った漢方医になっていた同級生に『それ飲んでいても効かないよ』と言われました」

途方にくれていましたが、渋谷駅の線路脇付近を歩いているときに見かけたのが、ひなびた一軒の店。何かに導かれるようにその店に入ってみると、桜沢如一氏の「食べもので治る」というテーマの本が。「試しにやってみようかな」と1冊買い求め、半信半疑で玄米菜食の料理に切り替えて1週間後、驚くべきことに手の湿疹は完治。以来50年間、病気とは無縁。薬もいっさいのまない生活を送っています。

本を読みながら、自然食を実践していたある日、「こんなまずいものを食べるために働かなきゃいけないのか」と夫が爆発。そのひと言で一念発起し、ものは試しと、桜沢リマ氏の「リマクッキング」の講座へ。すると、見ると聞くでは大違い。その料理のおいしさに驚き、「やはり直接習わないと」と

№6 オオニシ恭子さん

週4回のペースで通い詰めるようになりました。

桜沢リマ氏から、「ヨーロッパから、もう一度指導に来てほしいという依頼があるけれど、自分はもう高齢なので代わりに行ってほしい」と命を受け、夫と当時小学生だった娘さんと一緒にヨーロッパに渡ったのは、40歳の頃。

「リマ先生はヨーロッパで活動なさったので、直接教わったという生徒さんやファンが、まだいっぱいいたんですね。マダム・オーサワの弟子が来たというので、生徒さんがたくさん集まって最初から大盛況でした」

こうして、ベルギー、オランダ、フランスで食指導を始めましたが、日本で学んだことが、現地の人たちにフィットしていないとも感じ始めます。

「生まれ育った土地の食べ物や気候風土によって、必要な食事、塩分も違う。実体験としてデータが集まっていくなかでヨーロッパにはヨーロッパの人々に合った、日本には日本人の体質に合った食べ方があると気づきました」

そこで、食養生にも土地や時代性に合わせて見直しが必要と、自身の経験をもとに、自然、環境、時間、植物、人間の関係性とバランスのとり方をまとめた『食の方程式』を作っていきました。

食事を変えるだけで医者よりも早く病気を治す人物がいるということで、

仕事以外でも多才ぶりを発揮。「頭にめぐることを絵にしたり文にしたりするのは楽しい時間」

先生について現代三味線の稽古も。「伝統がそのままではなく現代に引き継がれている世界に浸り、静かな美しい感覚世界を旅すること」に自分らしさを感じる。

ヨーロッパ人は
隣がそうなら自分も
ということはなく、
個人の意見を
大事にして
いるんですよね。

上：どこへ行くにも自らの運転で移動を。中：絵を描き、チェスをする、メールチェックをするなどiPadを使いこなす。下右：定期的に先生を呼んで茶道の稽古を。プライベートでは無農薬の三年番茶の粉茶を立てていただく。下左：愛猫のナツ。かごに入って電車と新幹線で、奈良ー東京間を毎月移動。よくかごごと落とされてしまうアクシデントもものともしないタフな相棒。

評判が評判を呼び、以来、32年間、自ら車のハンドルを握り、国を移動しながら指導にあたりました。当時の睡眠時間は毎日3時間。後半の20年間は、夫と娘さんが先に帰国したためにひとり暮らしに。

「食養生を実践すれば、必ず体がよくなる。腫瘍《しゅよう》、筋腫も食事を変えることで消え、糖尿病や血管の病気、メンタルの不調もよくなるケースが多かった。いろいろな不調を食でよくしたいとやっているうちに、ますます食の大切さを知るばかりで、多くの人に求められ、使命感につき動かされる日々が続き、帰国するきっかけを失っていたんですね」

とはいえ、ひとり暮らしには困難も伴います。薪《まき》ストーブの煙突の構造が悪く、火事になって大事なものを失ったり、その後住むことになった古城では大雨の水害で地下室がプールのようになったり。しかもその日はクリスマスイブで誰にも連絡がとれず、短パン姿でひとり、一晩中バケツで水をかき出すはめに。夫がベルギーに来るときは体調不良になっていて、しばらくいてオオニシさんの食事で体調回復してはまた帰国する、という日々も続きました。

そんな折、2011年に東日本大震災が発生。日本のためにできることが

№ 6　オオニシ恭子さん

まだあるのではないかと、いてもたってもいられず帰国を決意。ところが準備を進めている間に、夫が日本で急逝してしまいます。

「素敵な人でした。暮らし方がきれいで、ガツガツしたところがなくて。新宿での個展で作品を見て印象づけられていましたが、まもなく本人に偶然会い、自分も出品しようと思っていた美術コンペの運送費を貸したのが縁で、親の反対を押しきって結婚しました。一緒に暮らしていた間は、作品ができあがるたびにワクワクしていました。改めて、私の好きなようにさせてくれたことに感謝しています」

32年ぶりに日本に帰国。奈良県・初瀬の地で再始動

「東京育ちで、地縁もなかった奈良県・初瀬の地にアトリエを構えたのですが、古来この地や隣の宇陀エリアは薬の発祥地でした。自生している野草が豊富で、求めている場所に来たという感じがあります」

体を整える草、野菜、癒やしてくれる草花に囲まれた環境に身を置き、世の中の役に立つ料理を開発し指導することは、大きな生きがいになっています。

右上：土鍋は伊賀の「長谷園」製の特注モデル。片口で、巨大な急須としても使える。右下：体質に合った食材を、わかりやすくお手製のボードに。左上：大阪の「箱屋常吉」とコラボして商品開発も。有機豆乳から豆腐を作るための穴あき型や、軍艦巻きが一気に大量にできる焼き海苔１枚サイズの押し寿司型など。アイディアが尽きない。左下：お手製のグリッドで整理整頓。前職はインテリアデザイナーだったため DIY もお手もの。

向こうでは
歳を聞かれないでしょう。
そして呼び方も
先生でも奥さんでもなくて
キョウコはキョウコ。
そこがいいなと思います。

「やまと薬膳」から少し先に、大人数の会合にも対応できるサロン「源氏物語」もオープン。週末には、店の前で、青空マーケットも開かれてにぎわう。

「自分も含め、世界中の多くの人々が、基本的な命の養い方を失っているという事実に衝撃を受けて、これまで食の研究に多くの時間を費やすことになりました。現代の生活は、便利で何でも手に入るという点でおかしなことになっています。病気も一日でなるわけではなく、根本の食を見直すことで、病に打ち勝つ体に改善される。積み重ねが大事なんです。基本的には何を食べたっていいんですけどね。先人に倣《なら》った料理法や取り合わせなど、現代でも有効な食の知恵はたくさんあります。自分が培ってきた経験をもとに、多くの人に食への意識を促して、健康に暮らせることがあたりまえになるよう働きかけていきたいですね」

画期的なことが好きで、生きることにワクワクするような何かをいつも探しているというオオニシさん。「これからは後続の人を育てていきたい」と語ります。新しくチャレンジしたいこともまだまだ尽きません。

「生活はもっと時間が長く感じられるように、シンプルに。余計なことをせず、持たない暮らしを目指しています。仕事では質のさらなる進化と向上。そして、伝達、指導の効率化をはかりたい。個人的に、自分が人間としてどこまで進化していけるのか、世界がどう変わるのかも見届けたいと思います」

不便はむしろ心地いい。
富士の麓の田舎生活から生まれた
新しい視点を楽しむ日々。

№ 7

長塚範子さん

age ｜ 80歳

26年前に、東京・港区から静岡県の富士山麓に移住。森に隣接した一軒家で、夫と二人暮らし。土地を開墾して広大な庭を作り、四季折々の花、野菜、ハーブを育て、希少な日本ミツバチの養蜂も行っている。

Noriko Nagatsuka

東京に住んでいた頃よりも
友人たちが頻繁に訪れてくれるのが
なによりも嬉しい。

庭に咲く花は季節ごとに変わる。「自由に花を育てられることが幸せ。だから、一般的な価値には興味がなくて、好きなたたずまいの花ならなんでもいい。バラも私にとっては特別なものではなくて、景色をつくるためのひとつの素材」

都会の真ん中から富士山の麓《ふもと》に移住し、便利さは必ずしも豊かさではないと気づいた長塚さん。ゆるやかな空気に包まれた田舎暮らしを楽しんでいます。

国道から少し入り、木立を抜けると、みずみずしい緑に囲まれた玄関へのアプローチが見えてきます。富士山の麓の標高700mのエリア。大きく広がる青い空と清涼な空気があふれる場所に、長塚範子さんの住まいがあります。長塚さんはここで、広大な庭に咲く花々を大切に愛で、日々手入れにいそしんでいます。

「配色、花の高低差はもちろん、いつ咲き、いつ枯れるか、そのあと何が咲くかを考え、花が絶えないようにおおよその年間計画を立てます。そして、庭をキャンバスにたとえて、さりげなく自然を描くように植え込んでいます」

もともとは森の一部だったところを開墾して作った庭では、季節ごとにさまざまな花が咲き、見事な景色をつくっています。庭仕事は、天気さえよければ一年中やるべきことは満載です。1日1回の水やり（夏は1日2回）の

№ 7 長塚範子さん

ほかに、雑草取りや水撒《ま》き、手作りの無農薬殺虫剤で害虫駆除をし、肥料をやり、土を作ります。さらに、季節に合わせて種を蒔《ま》き、株を分け、移植し、剪定《せんてい》する……。時間がどれだけあっても足りません。

終わりがないような庭仕事ですが、長塚さんにとっては楽しくて仕方がない時間です。朝、目が覚めると庭に出たくてたまらず、夕方になると「ああ、今日ももう終わってしまった。時間が足りない」と思う毎日。「花の世話をする時間が、なにより大好き」と機敏に休みなく動く長塚さん。好きなことに集中する時間は、瞑想にも似て穏やかな幸せをもたらします。

東京・目黒で生まれた長塚さんは、その年に戦争が始まったため天竜川のほとり、長野県の伊那谷に一家で疎開。戦後、疎開先から戻ると、空襲で焼けた広い屋敷跡地には、知らない人たちが家を建てて住んでいました。いわば不法に占拠されてしまったわけなのですが、その土地の権利は早い者勝ちで家を建てた人のものになってしまいました。理不尽なことですが、戦後の混乱期ではなすすべもなく、一家は父の仕事の関係で神奈川県鎌倉市に居を移し、23年間鎌倉で育ちました。

上右：作業中に土の中から出てきた球根は、掘り起こして選別しておく。 上左：庭の一角に作った“小さな三角の菜園”。野菜を摘み取って毎日のサラダに。 下：液肥と水を混ぜたものを野菜の根元にかける。

朝、目覚めると
早く庭に
出たくて
たまらない。
力仕事も
苦になりません。

上：剪定した花は室内に飾って楽しむ。下右：日本ミツバチの養蜂も3年目に。下左：バラの手入れは毎日欠かさず。

当時の鎌倉は、今よりも住宅が少ない、のどかな田舎町。海も山も近く、自然が豊かで風光明媚な土地柄。野山を駆け回りのびのびと育った長塚さんは、スポーツや踊ることが得意で、年中真っ黒に日焼けしている活発な少女でした。高校時代は水泳部に所属し、背泳で神奈川県で3位。関東大会へは2度出場。今でも背筋がピンと伸びた美しい姿勢と優雅な歩行、そして、1日7000歩も歩きまわり、薪割りやカートを使った力仕事も苦にしないのは、この水泳部時代に培った基礎体力が土台になっているようです。

これからの豊かさとは、不便を楽しむことにある

その後、20代~40代は、東京・世田谷区と港区のまさに都会の真ん中での暮らし。アパレルのアンテナショップの店長、イスラエルの彫刻家イラナ・グーアの彫刻家具・アクセサリーのプレス、ショウルーム担当などの仕事や子育てもあり、都心での暮らしはあわただしく過ぎていきました。そして、26年前、54歳のときに東京を離れるという選択をします。発端は、夫でフォトグラファーの誠志さんの仕事が、時代の変化のあおりを受けたことでした。

№7 長塚範子さん

「彼は仕事が楽しくてたまらないタイプで、いつもサニーサイドを歩いていた人生でしたが、バブルが弾けた頃から、写真界は様変わりし始めました。仕事がなく、それを待つ生活はつらかったと思います。待ち疲れて椅子の形になってしまう、と冗談も出るほどでした。それで、『私、今の生活でなくても、あなたが行くところだったらどこでもいいのよ』と」

そこから、車の撮影をするオープンスペースのスタジオを作りたいという長年の夢を実現するべく動き始めます。埼玉や千葉など、都外に場所を探すこと10年、偶然の出会いが重なって導かれたのが、富士山の近く、標高９００ｍの朝霧高原。水道もガスも通っていない、がらんどうの倉庫を自分たちの手でスタジオにリノベーション。別棟には水道を引き、生活できるスペースに。都会の便利な生活から一転、お風呂に入るにも、いったんダウンジャケットを着て外に出なくてはいけないという、田舎暮らしの始まりでした。

「冬なんて、寒いから、えいやっという感じでしたね。でも、露天風呂でしたから一度入ってしまうと、最高に気持ちいい。満点の星を見ながら、なんて贅沢《ぜいたく》な時間なんだろうと感動したものです。都会ではとにかく便利さ、で

上：花々が自然に見えるように植えられた長塚さんのガーデン。中：ローズマリーエキスは、ワセリンと混ぜて肌用クリームに。下：肌荒れには、お手製のゆず酒やドクダミ酒、ローズヒップ酒を。 世界最古の薬用酒といわれるハンガリアンウォーターも。

都会には
便利なものは
たくさん
あるけれど、
本当に
おいしいものは
少ないのよね。

上：夫の誠志さんと庭を眺めながらコーヒーブレイクを。コロナ禍以前は月に一度の古代文字虎舟塾のワークショップ、年数回の音楽会など、広い場所を使ってイベントも多数開催。下右：日本ミツバチの養蜂は３年目。自然落下のたれ蜜で、非加熱、未加工なので、はちみつ本来の風味や栄養分や酵素が豊富。下左：摘みたての新鮮なミントをハーブウォーターやハーブティーに。

しょう? でも、田舎で暮らしていると、外は寒いけれど月がきれいだなとか、あたりまえのことに心が動かされるんですね」

ところが、降って湧いたような立ち退き話が起こり、21年目にしてそこを出ることに。

「お金があまりあるわけではないのに壮大な夢を実現するべく、傍目にはご苦労なことと思える作業も楽しい時間でした。美しいその場所は多くの方々に喜ばれていましたし、リノベーションにかなりの費用をかけたのにもったいない、とは思いましたが、そのとき彼が『今までは予行演習で、今度は本番だぞ』って。75歳から、本番です」

そして、現在暮らす標高700mの場所で再始動。新居でまた一から出直しです。これが「森の家」の始まりでした。

「よき友人、家族、仲間と楽しい時間を共有する場所にしたい。結果的に東京を離れてからのほうが、頻繁に友人たちが訪れてくれています」

大切な人ほど、外で会うのではなく、好きなものに囲まれた居心地のいい空間に招き、招かれる。家も心もオープンな暮らしがそこにはあります。人と人との心の距離を縮め、お互いに刺激を感じて成長すること。そして、年長者の知見を次世代に伝えていく場を持つこと。長塚さんは、この土地で、そんな暮らしを実践しているのです。

自然に触れることで五感が喜ぶ暮らしに

田舎の生活では、庭の雑草はあっというまに伸び、虫も山ほど室内に飛び込んできます。夏は暑く、冬は寒い。コンビニだって近くにはありません。日々、手間と工夫が必要です。でも、長塚さんは不便を使いこなすうちに、便利さが必ずしも豊かではないということに気づきました。この土地ならではの景色の美しさや澄んだ空気、鳥の鳴き声や虫の声など自然の音を感じて生活すると、「五感がひらかれていくよう」と語ります。

土、水、森の木々——自然と触れ合う心地よさ、そこから得る幸福感がここにある。忙しく暮らしていた東京の生活では忘れかけていたことを改めて体験し、毎日がよりかけがえのないものとなっていきました。

「自分たちのエリア、景色をつくりたいんです。ただ場所を買ったり借りたりして家を建てて住む、というのは、私たちにとってはつまらないの」

建物は夫、
庭は私と、
ほぼ自分たちだけで
作り上げている
森の家です。

上：手作りのローズウォーターで作る化粧水、ローズマリークリームなどが並ぶ化粧台。 中：寄せ植えを作るのも楽しいひととき。 下右：多肉植物のリースを庭に飾る。 下左：多肉植物の寄せ植えをウエルカムボード代わりに玄関の前に。

庭から摘んだ花や間引きした花は、飾った後はドライフラワーに。たくさんの花材のストックが並ぶ長塚さんのアトリエコーナー。

そんな想いに共感する人が集まり、人とのつながりはさらに広がりました。平飼い卵を届けてくれる牧場主、養蜂の専門家、森の木を切る達人、毎日いろんな人が「森の家」にふらっとやって来ては、楽しく会話が弾みます。

「若い頃も今も、他人と比べたり同調したりするのが苦手でマイペース。去る者は追わずの人間関係は今も変わりませんが、今はたくさんの素敵な方々に恵まれ、宝物だと感じています。その方々からの刺激にも感謝です」

庭仕事のほかにも、庭の一角で養蜂をしてはちみつを収穫し、朝霧高原放牧豚で自家製ベーコンを作り、庭で採れた果実で保存食を作るなど、手仕事の楽しみは年々広がるばかり。

「若いときは、都会でスポーツ、映画、演劇、コンサートを楽しみ、旅行に出かけ、アートにふれるなど、たくさんの経験をしてきました。だんだん淘《とう》汰《た》されて自然の中で花を育て愛でることに行き着きましたが、過去の多くの経験が今につながっていると感じています。80歳を迎え、これからの人生設計で考えているのは、やれることに年齢で制限を設けないということ。そして、やりたいことを楽しめるように健康には気をつけながら、仲間が楽しく安らげる場所を充実させていきたいです」

ショコラさん

松本ブシェ百合子さん

オオニシ恭子さん

山根恵理子さん

7人の
女性に聞いた

60代からの幸せライフスタイル

「やりたいことは何歳になっても我慢しない」
「いつも自分らしい暮らしを楽しんでいたい」
これからの暮らしについて、
率直な考えを伺いました。

高山美奈さん

寺本りえ子さん

長塚範子さん

住まい

これからの住まい、どのように考えていますか？

車を移動手段として
使わなくても
ひとりで生活できる
条件の整った田舎で
生活できたら

山根さん

二人で元気でいられれば、
老後はフランスの田舎で
犬のいる暮らしを
もう一度過ごしたい

百合子さん

マンションのローンを
完済したので、
最後まで元気にひとりで
住み続けられるように

ショコラさん

「引っ越しを考えています。畑も欲しいと思ったり」 寺本さん

「最近までは、今住んでいる奈良の家を購入して、台所をもっと大きく改造したいと考えていました。ところが、東京以外にも、琵琶湖のほとりのセミナーハウス、伊賀のサロンなど移動場所が増えているので、いったん保留中です」 オオニシさん

「自然の中に暮らしがあること」 高山さん

「現在の森の家での暮らしを楽しんで続ける」 長塚さん

食と健康

健康を維持するための食事の習慣、そのほかの秘訣を教えていただけますか。

「もともと健康な体をもらって生まれてきたことに感謝。とくに何も気をつけていません。健康を維持するため、という意識はあまりありませんが、自分が大好きだから、自然と野菜をたくさんとっています」 百合子さん

「体によいとされている飲み物や食べ物などは朝晩欠かしません。グルテンフリーを続け、食材にはこだわりがあり、可能な限りビオですが、健康のためといっても我慢してまでは食べません。基本はおいしく楽しく適量をいただくこと。アルコールも食事がおいしくなる程度に楽しみます」 長塚さん

「細かいことにこだわると、それがストレスになると思っていますが、栄養バランスは気をつけています。どんな食事でもおいしいと思って食べることが体のためになると思っています。食事の時間は規則正しく、に気をつけています」 ショコラさん

「夜は早めに食べて12時間断食。できるだけ無添加、無農薬。野菜多め。発酵食（ぬか漬け、納豆、味噌汁、お酢）、あとは油選び。食べすぎない」 寺本さん

「自分に合う食を守り（人工的・化学的添加物の加工品は避け、菜食で少食）、あまりストレスを抱えないよう、ややっこしいことは避ける。夜は少食、少飲を心がける」 オオニシさん

「お肉が大好きなのでお肉を食べたぶん、野菜を食べる。自転車や歩いて行動することを面倒くさがらないこと」 高山さん

「りんごを毎日1個食べる。水分を適量とる。味の濃いものは食べないようにする。仕事の日は3食、休みの日は2食にする」 山根さん

マネー

お金の使い方で、若い頃から変わったこと、変わらないこと。
何にいちばんお金を使っていらっしゃるかを教えてください。

「エンゲル係数が高い。ほかに住居の維持費、歯の治療やキネ（整体）通いなどの体のメンテナンスです」山根さん

「服飾などに使うことはほとんどなくなり、日々使うものは質のよい長く使えるものを選んで買っています。そのようなわけで、非常に物が長持ちです。ゆえに最近は消耗品以外買うものは少なくなっています。今はいちばん使うのは食材です」長塚さん

「ヴァカンスの費用ですね！　計画的なことでいえば息子が生まれた記念にエルメス本店で、オータクロアを現金で購入しました。衝動買いはしませんが、欲しいと思うものは必ず購入してしまいます」高山さん

「時代背景もあると思いますが、若い頃はお金の大切さというものがよくわかっていなかったと思います。年齢とともにお金のありがたさや必要性を感じるようになりました。お金がすべてではなく環境や人間関係が大事ですが、生きていくことの不安を持たないためにはお金が基本だと考えています」
ショコラさん

「お金のことは得意ではない……いちばん使うのは食関連、旅です」寺本さん

「お金が入れば使う、実際には若いときのほうが欲しいものが多くあったように思う。今は生活のランニングコスト以外、どうしても欲しいというものがあまりないし、物を増やしたくないし、何か有効なことに使いたいと思う。変わらないのは、必要以上の金持ちになろうと思っていない、シンプルな生活のほうがよいと思っている。ただ社会生活のうえで、金銭的迷惑を家族や知人にかけたくないと思っている」オオニシさん

「お金のことは考えなきゃいけないんだけど、無頓着すぎて、考えられないですね」百合子さん

生活習慣

60代からの生活習慣。若い頃から変わりましたか？

長塚さん

納得のいく食材での食事と
適度な運動と心の安らぎ。
運動は毎日1000坪余りの庭仕事です。
立ったりしゃがんだり、
スコップを使いカートを動かし
1日に最低7000歩は歩きます。
週1回のヨガのレッスンと毎日のストレッチも

オオニシさん

お腹がすいたら食べ、
眠たくなったら寝る

「自分の体のことは自分がいちばん知っていると責任を持つこと」 高山さん

「平日4日は同じ時間に起床し、仕事へ行き、帰宅時間も就寝時間も同じ。規則正しい生活ですが、代わりに休日は疲れをとるため、睡眠不足を補うため、寝たいだけ寝てダラダラ過ごします。このメリハリが大事だと思っています」 ショコラさん

「早寝早起き。できるだけ歩く」 百合子さん

「必要な時間眠ること（7時間以上は眠れないので6時間と少し）。入浴でリラックスすること。やりたいことを集中して行える時間を持つことがストレス解消になります」 山根さん

「心が穏やかな状態を何より最優先させる。瞑想する」 寺本さん

人間関係

人間関係で、若い頃と比べて変わったこと、変わらないことを教えてください。

「若い頃は友人も知り合いも多いほどいいと思っていましたが、今は自分にとって本当に大切な心を許せる友人たちが何人かいればいい、と考えています。気持ちの負担になるようなお付き合いはやめました。親や兄弟、親戚とは若いときと同じように付き合っていきたいです」ショコラさん

「若いときは、すべて自分中心、自分がいちばん大切、ひとりで何でもできるという気持ちが大きかったかと思いますが、今は他人あっての自分、家族あっての自分だと思います」山根さん

「レストラン業にかかわるようになって、お付き合いの幅が広くなりました」百合子さん

「若い頃は少し肩ひじ張っていたような気がします。今はすっかり肩の力が抜けて、年齢の差を超えた付き合い。よい意味の距離感。本音で話し合える関係。そのような方々が我々を支えてくれています」長塚さん

「若い頃は家族と自分とのあり方がバランスとなって生活をつくってきたが、それが束縛になることもあった。今は仕事の仲間と自分とのバランスになっていて、同じ想い、理想を分け合う仕事の仲間が身近に感じられ、ときどきは束縛にもなる。人間はひとりでは生きられないし、ひとりにもなりたいのだな、と」オオニシさん

距離を
大事にすること

高山さん

相手の考え方、
生き方を尊重
すること

寺本さん

幸せな時間

今、いちばん楽しいと思っていること、幸せに感じていること。
日々の暮らしのなかで感じる小さな幸せを教えてください。

「娘が仕事を始めて3年と少したち、今後どのように自分の人生をつくっていくのか見守っているのが嬉しいことでもあり、幸せでもあり。日々いろいろありつつも、何はともあれ、二人で生きていること」 山根さん

「いちばんの楽しみは次男と一緒のママチャリ散歩と、その後に銭湯の露天風呂に入ることです。息子たちとの関係が良好なこと。友人に恵まれていること。母が元気でいること。パートでもこの歳でやりがいのある仕事があること。今まで節約してきたので行きたかったところへ旅行したいです」 ショコラさん

「晴れた日に洗濯物を干しているとき。洗濯物に陽の温もりが残っているうちに自分で取り込めること。19時頃になると、ドミニクが仕事をしている私にシャンパーニュを持ってきてくれる瞬間」 百合子さん

「自然に囲まれいちばんやりたかったことに出会え、今がいちばん幸せです。5人の孫たちが各分野でやりたいことに恵まれ、それに向かって進んでいる姿も幸せに感じています。彼らのためにも美しい地球（環境も人も）を取り戻したいです」 長塚さん

「4月からスタートしたフリースクールのキッチンの仕事（毎日子どもたちとランチを作って食べています）。とてもやりたかったことと出会えて幸せです。大切に思える友人がいること」 寺本さん

「わがままに好きなことだけを好きなだけできる時間」 高山さん

「伝えたいことが伝わり、人々が実践したことで改善されたという報告があると、よかったと思います。個人的には、おいしく体によいものができたり、新たなアイディアが料理であれ、理論的なものであれ、人間関係であれ、よい方向への可能性のあるものへと進んでいくとき幸せです。毎日、猫も私も知人たちも変わりなく生きていると思うときも幸せです」 オオニシさん

60代から
シンプルに
穏やかに暮らす

smile editors《スマイル・エディターズ》

書籍、ムック、雑誌などを手がける編集プロダクション。国内外で大人のライフスタイルを取材し、58歳から78歳のパリのマダムをフィーチャーした『Madame Chic Paris Snap』、『パリマダム　グレイヘアスタイル』（いずれも主婦の友社）、結城アンナ著『自分をいたわる暮らしごと』（主婦と生活社）など、話題となった書籍を多く編集。

編書に
『パリのマダムは今日もおしゃれ』

『パリの素敵マダムスタイル』

『イギリスの大人スタイル』

（いずれもKADOKAWA）

『ロンドンマダムのおしゃれライフスタイル』

（マガジンハウス）

『フランスの日々の暮らしごと
365日の小さな幸せ』（祥伝社）

『イギリスの心地いい暮らし　小さな愉しみ
365 LITTLE DISCOVERIES』（学研プラス）
など。
https://smileeditors.net/

編　者　smile editors
編集人　澤村尚生
発行人　倉次辰男
発行所　株式会社主婦と生活社
〒104-8357　東京都中央区京橋3-5-7
TEL　03-3563-5058（編集部）
TEL　03-3563-5121（販売部）
TEL　03-3563-5125（生産部）
https://www.shufu.co.jp
製版所　東京カラーフォト・プロセス株式会社
印刷所　大日本印刷株式会社
製本所　小泉製本株式会社

ISBN978-4-391-15663-8